TOUTÂNKHAMON

Entre mythe et réalité

Par Elena Marcos

50MINUTES.fr

TOUTÂNKHAMON, ENTRE MYTHE ET RÉALITÉ

UN ILLUSTRE INCONNU

- **Naissance ?** entre 1346 et 1332 av. J.-C., Akhetaton, Égypte
- **Mort ?** entre 1325 et 1313 av. J.-C., Thèbes, Égypte
- **Apports majeurs ?** restauration de l'ancienne religion d'État polythéiste après le règne monothéiste de son père

Toutânkhamon est l'un des pharaons les plus célèbres de l'Histoire de l'Égypte Antique et pour cause : l'archéologue britannique Howard Carter (1874-1939) découvre sa tombe le 4 novembre 1922 alors qu'elle était restée intacte, inviolée depuis près de 3 000 ans. L'incroyable trésor que renferme sa sépulture suscite dès lors l'admiration du grand public, mais aussi sa défiance, à en croire la rumeur de malédiction qui s'est propagée suite à cette découverte et qui a vu la mort soudaine et inexpliquée de plusieurs membres de l'équipe scientifique.

Ainsi, beaucoup connaissent Toutânkhamon comme le pharaon majestueux tel qu'on se l'imagine à partir de son trésor, mais qui connaît réellement ce jeune souverain ? Quels malheurs ont frappé son existence ? Comment a-t-il vécu ? Comment est-il mort ? Quelle vérité se cache derrière sa malédiction ? Autant de questions qui méritent des réponses afin de lever le voile qui s'est posé sur la vie de cet énigmatique pharaon.

BIOGRAPHIE

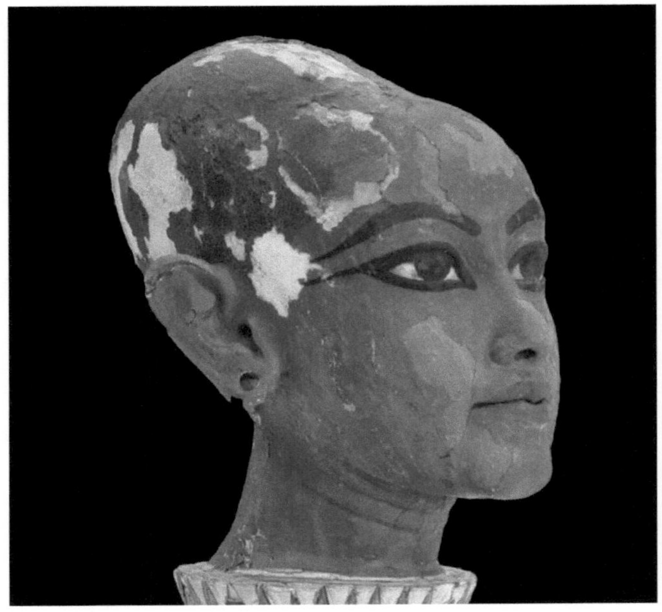

Buste en bois doré de Toutânkhamon découvert par Howard Carter en 1922.

NAISSANCE ET ENFANCE ROYALES

Le prince Toutânkhamon naît dans le palais royal à Amarna, en Haute-Égypte, entre 1346 et 1332 av. J.-C. Il est le fils du pharaon Akhenaton (si sa date de naissance est inconnue, sa mort peut être située aux environs de 1338/37 av. J.-C.) et d'une anonyme dont la momie est baptisée la *Younger Lady* (la plus jeune dame) par opposition aux autres défunts présents avec elle dans sa tombe, un très jeune garçon et une vieille dame. Il s'agirait soit d'une sœur inconnue d'Akhenaton, soit de sa cousine et épouse principale, Néfertiti (v. 1370 av. J.-C.-v. 1333 av. J.-C.).

Né dans les années XII-XIV du règne de son père, le jeune Toutânkhamon jouit d'une enfance paisible, soit dans le palais royal à Amarna auprès de ses parents, soit dans les villes de Thèbes et de Memphis, lorsqu'il est confié à sa nourrice ou à des précepteurs. Cependant, avant son accession au trône, les rares documents concernant Toutânkhamon ne permettent pas de connaître exactement les détails de l'enfance du jeune prince.

LE TRÔNE USURPÉ

Toutânkhamon hérite du trône vers 1340 av. J.-C., après le court règne de sa sœur aînée, Mérytaton (v. 1350-v. 1336/35 av. J.-C.), bien que d'aucuns pensent qu'il s'agisse plutôt de Néfertiti. Cette princesse ne règne que quelques années sur le royaume d'Égypte. Lorsqu'elle disparaît, morte ou assassinée, Toutânkhamon monte sur le trône, alors qu'il n'est âgé que de 6 ou 8 ans. Il devient alors le onzième pharaon de la xviiie dynastie égyptienne (milieu du xvie siècle av. J.-C.-fin du xiiie siècle av. J.-C.) qui consacre l'apogée de cette civilisation antique et le début du Nouvel Empire (période de l'Histoire égyptienne qui court de 1500 à 1000 av. J.-C.).

LE MARIAGE DE TOUTÂNKHAMON

Après son accession au trône, Toutânkhamon épouse sa sœur aînée, la princesse Ankhesenamon (auparavant nommée Ankhesenpaton, v. 1349 av. J.-C.-v. 1323 av. J.-C.), la troisième fille du couple royal. Selon les estimations, le jeune pharaon s'unit à sa sœur vers l'âge de 7 ans, alors qu'Ankhesenamon est âgée de 12 ans. Ces mariages d'enfants sont relativement courants en Égypte antique, mais les unions entre frère et sœur utérins sont rares, quoique tolérées dans les familles royales du Nouvel Empire.

Une telle pratique servirait à empêcher les guerres de succession entre les héritiers du trône, souvent issus de plusieurs mariages royaux. Cependant, dans le cas de Toutânkhamon et d'Ankhesenamon, beaucoup de leurs frères et sœurs étaient morts en bas âge. Il se pourrait alors que seule la princesse Ankhesenamon ait eu un rang assez élevé pour prétendre au titre de reine. Il s'agit de la seule épouse connue du jeune homme, mais il est presque certain que le jeune roi bénéficie d'un harem et de plusieurs épouses secondaires. En effet, la polygamie est une véritable tradition dans l'Égypte ancienne.

LES HÉRITIERS DU PHARAON

Si Toutânkhamon n'a eu que deux héritiers, ils sont tous les deux mort-nés. Ces fœtus sont inhumés avec leur père, dans la tombe découverte par Howard Carter, ce qui explique que les archéologues connaissent leur existence. Ces deux enfants étaient des filles, mortes durant le quatrième et le septième mois de gestation. Aucun autre héritier n'a jamais été retrouvé... Alors, lorsque le jeune pharaon s'éteint prématurément à l'âge de 20 ans, dans des circonstances accidentelles encore floues, c'est son ancien précepteur, Aÿ (douzième pharaon de la XVIIIe dynastie), qui prend les rênes du pouvoir.

Howard Carter à Chicago (Illinois), janvier 1924.

CONTEXTE

CONTEXTE RELIGIEUX AVANT L'ARRIVÉE DE TOUTÂNKHAMON

Avant que Toutânkhamon ne devienne roi d'Égypte, son père, le pharaon Akhenaton, bouleverse le pays en adoptant une nouvelle religion totalement opposée aux anciens rites polythéistes : le monothéisme dédié au dieu soleil Aton.

Cette réforme religieuse débute vers 1343 av. J.-C. suite à des querelles internes dans les hautes sphères de l'État égyptien. Le pharaon choisit alors de mettre en avant une religion dont il sera le seul représentant, afin de garder fermement le contrôle sur l'État, son peuple et les rites religieux. Ce nouveau culte est lié au disque solaire Aton, autrement dit la manifestation tangible du soleil : l'étoile brillante dans le ciel. Il s'agit donc d'un monothéisme sur base d'une forme radicale de la phénoménologie solaire (philosophie axée sur l'ensemble des sensations perçues par le corps humain) déjà en vogue à cette époque.

Quiconque s'est déjà rendu en Égypte peut comprendre que le soleil, de par sa chaleur écrasante, peut jouer un rôle important dans la vie quotidienne des habitants. Ce culte exclusif n'était donc pas lié à une divinité humanoïde, mais au soleil, à l'étoile qui illumine et réchauffe les terres. Le disque solaire devient donc le dieu unique sur la terre d'Égypte.

Cette réforme religieuse est radicale et se fait relativement vite. En moins de deux ans, Akhenaton ordonne que soient détruits les noms des divinités principales sur les temples, dont le dieu Amon. Il dissout les clergés qui n'étaient pas dédiés à Aton, laisse à l'abandon tous les temples et construit une nouvelle capitale entièrement dédiée à son dieu unique qu'il baptise Akhetaton, toujours en hommage à son dieu favori.

QUI GOUVERNE LE PAYS ?

Toutânkhamon n'est encore qu'un jeune enfant lorsqu'il prend le pouvoir sur la Haute et la Basse-Égypte. Le véritable pouvoir est donc aux mains de deux individus : le précepteur du roi, Aÿ (naissance inconnue–v. 1320 av. J.-C.), et le général Horemheb (naissance inconnue-v. 1300 av. J.-C.).

Ce dernier possédant un pouvoir à peine inférieur à celui du roi, on pourrait aujourd'hui le comparer à un Premier ministre. Il semblerait que ce soit lui le véritable dirigeant de l'Égypte, surtout pour la politique extérieure. Sa chapelle funéraire à Saqqarah révèle bien toutes les responsabilités qui incombaient à Horemheb : grand général, chef des troupes, messager du roi, chef du pays tout entier, grand des grands, etc. Les sources écrites parlent de lui comme d'un souverain, utilisant les termes et les expressions normalement réservés au pharaon en titre.

DU CHANGEMENT EN PERSPECTIVE...

La première décision sous le règne de Toutânkhamon est de restituer l'ancienne religion d'État, dédiée au dieu Amon principalement. Le clergé d'Amon est rétabli, alors qu'Akhe-naton l'avait dissous une dizaine d'années auparavant. *A contrario*, le culte qu'avait instauré l'ancien pharaon est banni et toute trace du culte d'Aton est effacée. Durant le règne du jeune homme, les caisses des temples se renflouent lentement, mais sûrement. La richesse de ces institutions religieuses se mesure essentiellement dans l'étendue de leur cheptel de bovidés, dispersés sur tout le territoire de l'Égypte, jusqu'en Nubie.

LE COMMERCE EN ÉGYPTE ANTIQUE

L'Égypte ne possède pas de monnaie. Cette dernière est introduite avec l'arrivée des Grecs en Égypte par Alexandre le Grand (roi de Macédoine, 356 av. J.-C.-323 av. J.-C.). Auparavant, le commerce des Égyptiens est uniquement basé sur le troc.

Ce regain d'activité religieuse est aussi très bénéfique pour les artisans, essentiellement basés dans la ville de Memphis, dont les deux grands commanditaires sont le roi et les temples. Ils peuvent alors de nouveau réaliser des objets pour les cultes de toutes les divinités d'Égypte.

Ainsi, le temple d'Amon-Rê de Karnak est une structure cultuelle (liée à un culte) de très haute importance, qui joue également un rôle économique majeur durant le Nouvel Empire. Il s'agit probablement de l'institution la plus riche d'Égypte. En rouvrant les portes de ce temple, Toutânkhamon pose un geste symbolique très fort et les bénéfices financiers qui en découlent sont évidemment les bienvenus.

DES VOISINS TURBULENTS

Concernant la politique extérieure, le règne de Toutânkhamon fait pâle figure par rapport à ses prédécesseurs. Si les relations avec le Proche-Orient sont plus ou moins stables, les royaumes rivaux se querellent entre eux, sans qu'aucun ne prenne le dessus. Le royaume hittite (qui s'étend sur l'Anatolie, une région située à l'extrémité occidentale de l'Asie) monte en puissance, au même titre que l'Assyrie (région du Nord de la Mésopotamie), qui deviendra bientôt la principale puissance proche-orientale. Bien que Mitanni (royaume du Proche-Orient au Nord-Est de la Syrie actuelle) et Babylone (ville antique de Mésopotamie, située sur l'actuel Irak) perdent de leur importance, ces deux entités subsistent encore, mais sans leur gloire d'antan.

C'est avec les Hittites que l'Égypte connaît le plus de problèmes et de turbulences. Pendant le règne d'Akhenaton déjà, les relations entre les deux pays étaient fragiles et souvent ponctuées de guerres. Cette agitation militaire ne semblait pas déplaire à Akhenaton, qui ne faisait pas d'efforts pour conserver son royaume en paix. Sous Merytaton, la sœur aînée de Toutânkhamon, les relations diplomatiques s'apaisent fortement, surtout en raison d'un mariage arrangé entre la reine Merytaton et un jeune prince hittite.

Malheureusement, le prince étranger perd la vie en chemin et n'atteint pas l'Égypte. Les tensions reprennent de plus belle. Sous le règne du pharaon-enfant, aucune trace d'échange ou de commerce n'est attestée entre les deux royaumes. Au contraire, leurs armées combattent sur les champs de bataille pour la possession de grandes villes, comme Qadesh, qui est le théâtre et l'enjeu de nombreuses guerres égypto-hittites, passant sans arrêt d'un camp à l'autre.

Si les Hittites et les Égyptiens se font souvent la guerre, ce n'est pas le cas des Assyriens, avec qui les Égyptiens entretiennent de bonnes relations, basées sur le commerce, les échanges diplomatiques et une aversion pour un ennemi commun : les Hittites. L'Assyrie joue d'ailleurs un rôle dans les guerres contre les Hittites.

Cependant, le jeune Toutânkhamon mérite tout de même quelques éloges pour ses décisions politiques. Il amorce timidement le renouveau de l'Égypte et c'est sous son règne que les premiers efforts militaires portent leurs fruits et que la paix revient sur le royaume égyptien. Il faudra néanmoins attendre 50 ans pour que la paix soit totalement rétablie entre avec les Hittites et les Égyptiens grâce au célèbre pharaon Ramsès II (v. 1300 av. J.-C.-v. 1215 av. J.-C.) qui ramène l'ordre et la sécurité dans tout le royaume.

TEMPS FORTS

UN RETOUR AUX SOURCES

Toutânkhamon est surtout connu pour avoir réhabilité l'ancienne religion d'État, telle qu'elle était avant le règne de son père. Très vite, le culte exclusif d'Aton est délaissé. Un édit, proclamé et gravé dans les premiers mois de son règne sur une stèle égyptienne (panneau en pierre présentant un texte plus ou moins important), la Stèle de la Restauration, en est la preuve incontestable.

Cette loi permet au peuple égyptien de revenir aux traditions et à l'ancienne religion polythéiste. Les anciennes divinités sont rétablies, le clergé est reconstitué, les anciens sanctuaires sont réhabilités, les fêtes traditionnelles sont à nouveau célébrées tandis que les Égyptiens multiplient les donations et les offrandes. Cette stèle décrit toutes les actions qui vont être mises en place pour réactiver les anciens cultes et en faciliter le déroulement. La priorité était de lever l'interdiction de ces cultes, afin que le peuple égyptien retrouve les célébrations religieuses qui animaient leur ville.

Le dieu Amon reprend peu à peu sa place parmi les dieux principaux de la religion égyptienne. La capitale du pharaon Akhenaton, la ville Akhetaton, est abandonnée et la capitale est rétablie à Thèbes. Cependant, comme Toutânkhamon est monté très jeune sur le trône, cette prise de décision revient sans doute à Aÿ et à Horemheb, tous les deux plus âgés, qui avaient connu les anciens dieux.

DE NOUVEAUX CHANTIERS

C'est dans la région thébaine que les ouvriers d'Akhenaton ont fait le plus de dégâts. Le jeune Toutânkhamon commence donc sa politique de réhabilitation des anciens dieux dans cette région en chargeant ses ouvriers de reconstruire ce qui avait été endommagé. À Karnak, les ouvriers travaillent sur les enceintes des trois grands espaces cultuels : celle d'Amon-Rê, de Montou et de Mout. À Louxor, c'est le temple principal qui bénéficie des restaurations.

Le souverain poursuit également sa campagne dans la région de Memphis, près du Caire. Ce sont les parties des temples les plus visibles qui sont restaurées en premier. Les endroits plus reculés seront laissés pour des campagnes de restauration ultérieures. Pendant tout le règne de Toutânkhamon et même de son successeur, Aÿ, les ouvriers travaillent sur les chantiers pour graver de nouveau les noms et les images des dieux qui avaient été volontairement dégradés. On se rend alors compte de l'étendue des mutilations ordonnées par Akhenaton au nom du dieu unique.

UN ADOLESCENT MALADE

Depuis de nombreuses années, les scientifiques pensent que Toutânkhamon souffrait de plusieurs pathologies physiques. Après avoir examiné les divers objets découverts dans sa tombe, on l'a vu comme un roi boiteux et chétif, ce qui semblerait être le cas. En effet, plus de 130 cannes ont été mises au jour dans sa tombe, ainsi qu'une importante quantité de chaises, de tabourets et de fauteuils. À cela s'ajoutent les images dans la tombe du pharaon qui représentent le roi tirant à l'arc, assis dans un fauteuil. Sachant que ce sport se pratique toujours debout, il semble donc que la mobilité du pharaon ait véritablement posé problème.

En 2010, la momie de Toutânkhamon est analysée en profondeur et a permis de déceler une série de traces correspondant à un pied bot, à un hypophalangisme (une absence de phalange) et à une inflammation chronique due à la maladie de Köhler (anomalie de la croissance de l'os de la rotule). Toutes ces maladies ne facilitent pas la vie d'un jeune homme dans l'exercice de son pouvoir. Le seul fait de tenir debout nécessitait sans doute de gros efforts de sa part. Les déplacements en char, moyen de locomotion royale attitré, devaient donc être pénibles et douloureux. Ces pathologies auraient endommagé ses hanches, son bassin et auraient pu provoquer une scoliose. Toutânkhamon devait donc ressembler à une personne chétive aux hanches trop larges et au dos tordu.

UNE MORT PRÉMATURÉE

À l'âge de 20 ans, le jeune pharaon s'éteint. Les causes de sa mort sont difficiles à établir. En effet, son corps présente de nombreuses traces de maladies et d'accidents.

En 2005, des chercheurs effectuent un scanner sur le corps du pharaon qui présentait un arrachement de la rotule gauche à peine cicatrisé, indiquant que le pharaon aurait succombé peu de jours après un accident.

Fin 2013, des scientifiques de l'Institut Cranfield Forensic, en Angleterre, annoncent l'hypothèse d'un accident de char qui aurait renversé Toutânkhamon, le jeune pharaon présentant également de nombreuses blessures sur l'un des côtés du corps. D'aucuns ont même avancé l'hypothèse qu'il aurait succombé à une charge d'hippopotame. Les causes de sa mort sont donc encore indéterminées et restent toujours aussi floues.

Par ailleurs, il faut ajouter que lors de l'examen approfondi de la dépouille, trois gènes de la malaria ont été identifiés dans la momie. Les moustiques porteurs de cette maladie étant extrêmement courants dans cette région, il y a tout lieu de penser que des piqûres auraient pu entraîner la mort de ce jeune homme à la constitution fragile.

Quoi qu'il en soit, la disparition brutale du jeune pharaon oblige son entourage à changer les plans de sa tombe. Initialement, il devait être inhumé dans une sépulture qui n'était pas encore prête à l'accueillir lors de sa mort. Cette tombe sera donc occupée par son successeur, Aÿ. Ce dernier, beaucoup plus âgé, avait déjà commencé à construire sa sépulture et l'avancement des travaux était tel qu'on décide d'enterrer le jeune pharaon dans cette tombe plus modeste mais achevée. Il reçoit néanmoins tous les honneurs dus à son rang et son trésor l'accompagne dans sa tombe, dans la Vallée des Rois (région située au bord du Nil à hauteur de Thèbes qui abritait les sépultures des pharaons du Nouvel Empire, de leurs épouses, enfants et de certains nobles).

L'INHUMATION D'UN PHARAON

Tous les souverains étaient enterrés avec les objets de leur quotidien et des objets réalisés spécialement pour les accompagner dans l'au-delà. Si le jeune Toutânkhamon, qui régna à peine dix ans, a un trésor aussi fabuleux, on imagine aisément les trésors que devaient renfermer les tombeaux de pharaon prestigieux tels qu'Amenhotep II (naissance inconnue-v. 1400 av. J.-C.) ou Ramsès II.

La Vallée des Rois fait malheureusement l'objet de pillages répétés durant l'Antiquité et la tombe de Toutânkhamon n'y échappe pas. Elle est pillée à deux reprises, mais assez vite après sa mort, car la sépulture a été scellée à nouveau par les gardes de la nécropole. La Vallée des Rois est abandonnée à la fin de la xxe dynastie et les momies ainsi que les objets de valeurs restant sont transportés dans deux endroits : la cachette de Deir el-Bahari (située au sud de la Vallée des Rois, près de Thèbes), et dans le tombeau du pharaon Amenhotep II. Ce transfert est effectué vers 1050 av. J.-C. par Pinedjem Ier, premier grand prêtre d'Amon à Karnak à partir de 1070 av. J.-C. puis pharaon en Haute-Égypte jusqu'en 1032 av. J.-C.

Le déplacement de ces momies était devenu nécessaire pour des raisons de sécurité. En effet, même si le pillage de sépultures royales est un fait attesté depuis le début de l'Égypte antique, ces vols deviennent difficiles à contenir dans le courant du xie siècle av. J.-C. Les tombeaux de la Vallée des Rois étant disséminés tout autour d'une imposante montagne, il est vite devenu impossible de surveiller entièrement le site. Le clergé d'Amon décide alors de mettre en sécurité les momies royales et le reste de leurs mobiliers dans des endroits connus des seuls prêtres.

Or Toutânkhamon ne bénéficie pas de ce transfert, soit parce que ce petit pharaon est déjà tombé dans l'oubli, soit parce que son trésor ne représente que peu d'importance. Sa tombe se retrouve donc enterrée sous les gravats et les déblais charriés par les inondations et les constructions avoisinantes, ce qui paradoxalement la protège de pilleurs. Il faudra attendre le début du XXᵉ siècle pour que le pharaon renaisse à nouveau dans les mémoires et devienne inoubliable à jamais.

DES PILLEURS PEU SCRUPULEUX

Le pillage des sépultures royales est attesté depuis la fin de l'Ancien Empire (v. 2700-2200 av. J.-C.). Le pouvoir politique et royal s'affaiblit et les voleurs en profitent pour s'emparer des trésors des sépultures. Au cours du Moyen Empire (2033 av. J.-C.-1786 av. J.-C.), la pratique du pillage devient courante, à tel point que les archéologues ont retrouvé des papyrus relatant des procès de voleurs et leurs sanctions : ils sont condamnés à ce que leurs oreilles ou leur nez soient coupés, voire à la mort.

Trône de Toutânkhamon représentant le souverain nonchalamment installé sur son trône en compagnie de son épouse, qui lui applique un onguent, et le disque solaire d'Aton qui surplombe le couple royal.

UNE SUCCESSION DISPUTÉE

Après la mort de Toutânkhamon, son ancien précepteur Aÿ et son général Horemheb se disputent le trône. Cependant, Horemheb doit subitement s'absenter sur les champs de bataille pour s'occuper de la menace hittite qui s'est alors réveillée. Aÿ prend donc les rênes du pouvoir tandis qu'Horemheb se contente de rester général. L'ancien précepteur aurait alors épousé la veuve du jeune pharaon, Ankhesenamon, pour asseoir sa légitimité. En effet, Aÿ n'appartient pas à une branche de la famille royale censée régner. Il possède une grande influence dès le règne d'Akhenaton et sa position de haut-fonctionnaire proche de la famille royale lui permet de devenir précepteur du jeune Toutânkhamon, mais en aucun cas de lui succéder.

Pendant les quelques années de son règne, il continue la politique de retour à l'orthodoxie commencée par Toutânkhamon. On pourrait d'ailleurs se demander si ce n'est pas Aÿ qui est à l'origine de ce renouveau des anciens cultes. En effet, il a déjà beaucoup de responsabilités sous le règne d'Akhenaton, lors du passage à l'atonisme. Il a sans doute vécu une grande partie de sa vie en honorant les anciens dieux. Aussi, dès que le moment le permet, il rétablit les cultes qu'il avait toujours connus. Toutânkhamon était sans doute bien trop jeune pour décider de cette restauration de son propre chef.

Aÿ, déjà très âgé lors de son accession au pouvoir, s'éteint aux alentours de 1320 av. J.-C., laissant ainsi le champ libre à Horemheb, qui monte enfin sur le trône. Son règne perdure jusque dans les années 1295 av. J.-C. et sa politique aura une certaine influence : il poursuit la restauration de l'ancienne religion inaugurée par Toutânkhamon, l'amplifie et réorganise toute une partie de l'administration, comme la justice et les impôts. Ces changements serviront de base pour les règnes de ses successeurs.

Pour lui succéder, Horemheb nomme comme « prince héréditaire » l'un de ses généraux : PaRamessou, qui deviendra le futur Ramsès I (mort vers 1290 av. J.-C.), premier pharaon de la XIXe dynastie (qui règne de 1294 à 1295 av. J.-C.) et grand-père du grand Ramsès II. À la mort d'Horemheb, la xviiie dynastie est donc définitivement close.

UNE DÉCOUVERTE SANS PRÉCÉDENT

Il est facile d'imaginer le sentiment d'euphorie qui a dû s'emparer d'Howard Carter le 4 novembre 1922. À 10 heures, il arrive sur le chantier de la Vallée des Rois et trouve tous ses ouvriers étrangement muets. Ils ont découvert une marche de pierre taillée dans le roc. Le jour même, l'archéologue britannique dégage toute la marche, puis un escalier. Une porte scellée intacte apparaît alors devant l'équipe de fouille.

Au-dessus de la porte, Carter réalise un judas, pour tenter d'y voir quelque chose : à l'intérieur, il aperçoit un corridor comblé de remblais. L'archéologue britannique comprend alors qu'il a découvert un lieu inviolé depuis des millénaires.

Il en informe immédiatement son mécène et ami, Lord Carnarvon (égyptologue britannique, 1886-1923). Quelques jours plus tard, celui-ci arrive sur les lieux en compagnie de sa fille, Evelyn Herbert Beauchamp, et les fouilles reprennent. Ils dégagent les deux dernières marches et mettent au jour l'entièreté de la porte. Le nom du pharaon apparaît alors : « Toutânkhamon ».

Il devient toutefois évident que la tombe a déjà été pillée. En effet, des maçonneries semblent avoir été rajoutées et des restes de sceaux cassés sont retrouvés près de la porte d'entrée, alors qu'un autre sceau est bien visible sur la porte. Les sceaux intacts et détruits sont étrangement signés par la même personne : le responsable de la nécropole royale, un dénommé Maya (chef du trésor durant les règnes des pharaons Toutânkhamon, Aÿ et Horemheb). Ainsi, on peut en déduire que des pilleurs sont venus visiter la tombe peu de temps après l'inhumation de Toutânkhamon.

Pourtant, Carter garde espoir que cette tombe soit intacte car les grands pillages de la Vallée des Rois n'ont commencé que sous le règne de Ramsès IX (v. 1140-v. 1121 av. J.-C.), soit presque 200 ans après le règne de Toutânkhamon. En effet, Toutânkhamon, comme son père et toute sa famille, n'a jamais été inscrit dans les registres royaux. Jugés hérétiques pour avoir osé renier les anciens dieux, ils ne peuvent pas prétendre à la pérennité de leurs noms et sont donc vite tombés dans l'oubli. Il est donc fort probable que la grande majorité du mobilier funéraire soit encore en place.

La Vallée des Rois en 1922.

Après avoir dégagé le corridor, la route des chercheurs est barrée une nouvelle fois par une deuxième porte, exactement identique à la première. Quand Carter attaque sa maçonnerie, ses outils ne rencontrent plus de résistance : un souffle d'air chaud s'échappe de l'ouverture et fait vaciller la lumière de la bougie. Carter arrive alors à passer la bougie dans l'orifice. L'éclat de l'or est bien visible, malgré la lumière vacillante. Bouche bée, Carter ne prononce rien pendant de longues secondes. Quand on lui demande si la pièce contient quelque chose, seuls ces quelques mots s'échappent de sa bouche : « Oui, et c'est merveilleux. » (CARTER (Howard), *La fabuleuse découverte de la tombe de Toutânkhamon*, Paris, Pygmalion, 1990)

En effet, cette merveille recélait d'objets par milliers : des statues en or, du mobilier funéraire (dont des lits et un trône), des objets de la vie quotidienne comme des bijoux, des jeux, des instruments de musique, mais aussi des chars, des armes, etc. et même des habits et des textiles, sans oublier les momies de leur disposition antique. Pour la première fois dans l'histoire de l'égyptologie, un trésor de sépulture royale était retrouvé presque intact, permettant ainsi aux égyptologues de mieux comprendre les rites funéraires égyptiens.

LE VOYAGE VERS L'AU-DELÀ DANS LA TRADITION ÉGYPTIENNE

Avec la découverte du trésor de Toutânkhamon, les objets funéraires ont pu être examinés et ainsi faire avancer la recherche quant aux rites funéraires.

Comme tout pharaon, la dépouille du jeune souverain a dû subir un traitement du corps visant à préserver celui-ci, pour que son énergie vitale, le *ka*, et son âme, le *bâ*, puissent réintégrer le corps à l'aube de sa nouvelle vie. Ce traitement, appelé momification, est un processus composé de plusieurs étapes, le tout se déroulant sur 70 jours.

Le corps est d'abord soigneusement lavé, puis éviscéré. Il est ensuite enduit d'huiles et d'onguents parfumés. Après cette étape, on passe à l'enroulement du défunt : les prêtres embaumeurs enroulent le corps de bandelettes de lin, tout en récitant des prières. Dans le cas de Toutânkhamon, des bijoux présentant des marques d'usure avaient été glissés parmi ces bandelettes. Ces bijoux avaient donc été portés par le souverain de son vivant.

Durant le processus de momification, seuls certains organes sont conservés et placés dans des vases canopes, pour les protéger lorsque le défunt reviendra à la vie. Ces vases renferment toujours le foie, l'estomac, les poumons et les intestins.

- Le foie est placé sous la protection du génie Amset à tête humaine et de la déesse Isis. Il est apparenté au Sud.
- L'estomac est protégé par le génie Douamoutef à tête de chacal, la déesse Neith et par l'Est.
- Les poumons sont sous la protection d'Hâpi à tête de babouin, la déesse Nephtys et lié au Nord.
- Les intestins sont sous la tutelle du génie Qebehsenouf à tête de faucon, de la déesse Serket et de l'Ouest.

Quant au cœur, il est toujours laissé dans le corps de défunt.

Après tous ces rituels, la dépouille est placée dans son sarcophage et amenée dans sa demeure d'éternité, où le pharaon est entouré de tous les objets dont il a eu besoin pendant sa vie mais également des objets nécessaires à sa survie dans l'au-delà. En effet, la vie dans l'au-delà est le prolongement de la vie terrestre. Le défunt va donc exercer les mêmes fonctions et aura besoin de tous les objets qu'ils utilisaient ou qui symbolisaient son pouvoir.

Howard Carter et le sarcophage de Toutânkhamon, 1922.

RÉPERCUSSIONS

LA GRANDE RESTAURATION RELIGIEUSE

Comme il a été dit précédemment, le règne du jeune pharaon ne brille pas par sa gloire économique, culturelle ou politique. Son plus haut fait n'est sans doute même pas son idée. Elle a sans doute été décidée par les deux personnages clés de l'Égypte à cette époque : Aÿ et Horemheb. Cependant, cette restauration religieuse a des effets bénéfiques pour l'économie du pays. Les artisans travaillent sans relâche pour reconstruire les temples détruits ou abandonnés et les sculpteurs peuvent de nouveau réaliser les statues de toutes les divinités. Les artisans croulent sous le travail.

L'APPORT SCIENTIFIQUE DE LA DÉCOUVERTE

C'est dans la mort que l'enfant-roi a le plus de répercussions sur les générations futures. Aujourd'hui, il est connu mondialement pour la richesse de son trésor, mais les scientifiques ont également profité de cette découverte de manière incroyable.

Ceux-ci ont enfin pu étudier des objets égyptologiques presque intacts et dans leur contexte d'origine. La richesse du trésor permettait de mener des analyses aussi bien sur des objets en métal, en or ou en argent, que sur des matières organiques comme des textiles. Les matières organiques comme le bois, le textile, la peau et les cheveux se conservent beaucoup moins bien que les métaux et sont plus sensibles aux variations de température. C'est pourquoi ces matières organiques sont beaucoup plus rares et intéressent davantage les scientifiques que l'or ou l'argent.

La tombe de Toutânkhamon, de par le climat aride de l'Égypte et une atmosphère protectrice, a notamment permis une excellente conservation de ces matières fragiles. C'est ce qui fait toute la singularité et toute la richesse de cette découverte.

LA MALÉDICTION DU PHARAON

Il existe une légende tenace apparentée à la découverte de la sépulture de Toutânkhamon : la malédiction du pharaon. Elle aurait frappé certains membres de l'équipe qui se seraient aventurés dans sa tombe royale. Ils en auraient payé le prix fort : celui de leur vie. Mais sa tombe était-elle vraiment gardée par une malédiction ?

Cette légende s'est répandue comme une traînée de poudre. Il faut dire qu'elle a bénéficié d'un contexte favorable. En effet, le spiritisme, cette superstition fondée sur la possibilité de communiquer avec les personnes décédées, était très en vogue depuis la fin du XIXe siècle. Les momies font partie de l'imaginaire universel et il était normal à cette époque de leur prêter des pouvoirs spécifiques. Plusieurs morts mystérieuses sont alors reliées aux momies égyptiennes, et ce dès la fin du XIXe siècle.

LA MALÉDICTION DE LA MOMIE

C'est en 1896 qu'est apparue la première malédiction

de momie. Un journaliste rapporte la rumeur selon laquelle Walter Herbert Ingram (1855-1888) avait acheté une momie à Louxor en 1885 et est mort en 1888 dans un tragique accident lors d'une chasse à l'éléphant au Somaliland (ancien territoire britannique de la corne de l'Afrique). La dépouille du défunt ne sera jamais retrouvée. Or certains prétendent qu'une malédiction aurait été inscrite sur cette momie de Louxor, promettant à tout profanateur une mort violente et sans sépulture. La machine à malédiction était lancée...

Pour la tombe de Toutânkhamon, tout débute avec la mort du canari d'Howard Carter, avalé par un cobra. Le cobra étant l'emblème du pharaon durant l'Égypte pharaonique, il est aisé de comprendre pourquoi les contemporains y voient une vengeance de la part de Toutânkhamon.

Mais c'est en 1923, que la rumeur enfle. En effet, Lord Carnarvon, le mécène et ami d'Howard Carter, meurt de manière soudaine d'une pneumonie. La presse s'empare de l'affaire et jette de l'huile sur le feu, attisant les esprits déjà échauffés par la mode du spiritisme. Les journalistes et les écrivains vont jusqu'à inventer une inscription dans la tombe du roi : « La mort vient ailée à quiconque pénètre dans la tombe d'un pharaon. » (GABOLDE (Marc), *Toutânkhamon*, Paris, Pygmalion, 2015) Durant les années qui ont suivi l'exhumation du corps de Toutânkhamon, entre 15 et 30 personnes apparentées de près ou de loin à la découverte de la tombe décèdent de façon inattendue.

Lord Carnarvon sur les marches de la tombe de Toutânkhamon accompagné d'Howard Carter, 1922.

UNE MALÉDICTION CONTESTÉE ?

Quand on dénombre les victimes, on constate qu'il existait peu de rapports entre les personnes décédées et les découvertes archéologiques : certaines avaient visité la tombe, d'autres n'y avaient jamais mis les pieds. Si l'on fait une moyenne des âges des défunts, on obtient 52,4 ans. Sachant que dans les années 1920, l'espérance de vie en Europe était de 52,2 ans, cette malédiction semble peu crédible.

Il ne faut d'ailleurs pas oublier que parmi les premiers chercheurs de cette fouille, beaucoup ont atteint des âges vénérables. Ainsi, Howard Carter est mort à l'âge de 64 ans d'un lymphome tandis que la fille de Lord Carnarvon, qui avait pénétré dans la tombe, est décédée en 1980, à l'âge de 79 ans. À cette liste de survivants s'ajoutent tous les égyptologues qui ont étudié le mobilier funéraire, les inscriptions, et même les scientifiques qui ont autopsié la momie du jeune pharaon. Bien piètre malédiction !

UNE EXPLICATION RATIONNELLE

Beaucoup de scientifiques ont tenté d'expliquer de manière rationnelle ces morts suspectes. On a d'abord pensé à des germes et des bactéries présents dans la sépulture du souverain, voire à des poisons, installés là par les anciens prêtres égyptiens.

Après plusieurs décennies de recherches, les chercheurs de l'Université de Leipzig identifient en 1999 des spores de moisissures, aptes à résister pendant des milliers d'années dans la pénombre. Ces spores auraient pu avoir des effets pathogènes sur des personnes ayant un système immunitaire déficient.

Malgré tous ces raisonnements scientifiques, l'idée d'une malédiction de Toutânkhamon continue de séduire le grand public. Cette petite histoire fait partie de la grande et a contribué en partie à diffuser le mythe de Toutânkhamon. Il n'est pas rare de voir encore de nos jours des articles reprenant cette légende et rencontrer un franc succès.

LA TOUTMANIA

Si le trésor de Toutânkhamon constitue une mine d'informations inespérée pour les égyptologues, elle passionne également le grand public. On ne compte plus les expositions qui ont été consacrées au jeune pharaon.

L'exposition *Toutânkhamon et son temps*, organisée dans les années 1960 à travers de grandes villes européennes telles que Paris ou Londres, fait partie des expositions les plus visitées de tous les temps. La dernière exposition consacrée au jeune pharaon date de 2012, à Paris : elle a fait déplacer les foules. Il s'agit réellement d'une « Toutmania », qu'on retrouve aisément dans beaucoup de livres, de films et même de jeux vidéo.

En effet, dès les années qui ont suivi la découverte du célèbre tombeau, les livres traitant des pharaons et des malédictions n'ont cessé d'affluer, en témoigne le roman d'Agatha Christie (femme de lettres britannique, 1890-1976),

L'Aventure du tombeau égyptien (1923). Hergé (auteur belge de bandes dessinées, 1907-1983) s'en est également inspiré pour deux Aventures de Tintin : *Les Cigares du pharaon* (1934) et *Les Sept Boules de cristal* (1948). Dernièrement, c'est le romancier Christian Jacq (écrivain d'expression française, né en 1947) qui s'inspire largement de la vie de Toutânkhamon.

Concernant le cinéma, on retrouve le mythe d'une malédiction égyptienne déjà en 1932 dans *La Momie* de Karl Freund (réalisateur allemand, 1890-1969). Les jeux vidéo se sont également inspirés de cette légende : le jeu pour ordinateur La Malédiction du pharaon ainsi que Uncharted Drake's Fortune (2007), où le personnage principal est victime d'une malédiction en ouvrant un sarcophage en or massif... Et il ne s'agit que de quelques exemples de l'influence de Toutânkhamon et de sa malédiction sur les générations postérieures.

EN RÉSUMÉ

- Toutânkhamon est le onzième pharaon de la xviiie dynastie égyptienne. Il succède à son père, Akhenaton, après avoir épousé sa sœur aînée Ankhesenamon.
- Il monte sur le trône vers l'âge de 7 ans et reprend les rênes du pouvoir dans une période troublée par les changements religieux (son père ayant imposé un culte monothéiste en l'honneur du dieu Amon à une population polythéiste) et par les tensions politiques avec le peuple hittite.
- Toutânkhamon étant trop jeune pour gouverner, le pays est contrôlé par deux hommes : Aÿ, son précepteur et haut-fonctionnaire sous le règne de son père, et Horemheb, général en chef des armées. Ils sont les véritables décisionnaires de son règne.
- Il connaît un règne bref qui court jusqu'à ses 20 ans. L'Égypte bénéficiera tout de même de changements importants durant ce court laps de temps : l'ancienne religion d'État, celle que le précédent pharaon avait volontairement supprimée, est restaurée et le renouveau économique et politique de l'Égypte est initié.
- Sa vie personnelle a aussi été tumultueuse. Les maladies et les troubles physiques dont il était atteint ont sans doute affecté sa vie. Enfant et adolescent, ses capacités motrices devaient être réduites. Son jeune âge et ses maladies ont sans doute empêché le jeune homme d'exercer son pouvoir à plein temps. Sa constitution fragile a été l'une des causes de sa mort prématurée, vers l'âge de 20 ans.

- Son règne n'a pas été marquant, à tel point que son tombeau ne sera pas sauvé et sera oublié par ses contemporains dans la Vallée des Rois.
- Pourtant, ce jeune roi oublié est devenu, presque 3 000 ans plus tard, une véritable star mondiale. Si le souhait de tout Égyptien était qu'on répète son nom à travers les âges pour vivre éternellement, le nom de Toutânkhamon perdurera encore des milliers d'années, car il restera sans doute l'un des pharaons les plus célèbres de tous les temps.
- La découverte de son tombeau est encore un fait inégalé dans l'histoire de l'archéologie (par sa richesse et son caractère inviolé depuis des millénaires). Les répercussions de cette découverte sont immenses et visibles dans les expositions, les livres, les films et la culture populaire. D'ailleurs, la dernière exposition en 2012 a connu un grand succès.
- L'engouement populaire dont la découverte de ce tombeau fait l'objet tient en grande partie à la malédiction qui semble planer sur l'équipe des fouilles. Les morts inexpliquées et soudaines de certains de ses membres tiendraient pourtant en grande partie à des spores de moisissures, présents dans le tombeau, qui ont résisté pendant plusieurs milliers d'années et se sont révélées fatales pour certains de ces hommes à la constitution fragile.

POUR ALLER PLUS LOIN

SOURCES BIBLIOGRAPHIQUES

- CAPART (Jean), *Toutânkhamon*, Bruxelles, Vromant et Cie, 1923.
- CARTER (Howard), *La fabuleuse découverte de la tombe de Toutânkhamon*, Paris, Pygmalion, 1990.
- GABOLDE (Marc), *D'Akhenaton à Toutânkhamon*, Paris, De Boccard, 1998.
- GABOLDE (Marc), *Toutânkhamon*, Paris, Pygmalion, 2015.
- HAWASS (Zawi), « Computed tomographic evaluation of King Tutankhamun, ca. 1300 BC. », in *Annales du Service des Antiquités de l'Égypte*, Le Caire, Imprimerie de l'Institut Français d'Archéologie Orientale, n° 81, 2009, p. 159-174.
- NELSON (Mark), « The mummy's curse: historical cohort study », in *British Medical Journal*, Londres, BMJ Publishing, n° 325, 2002, p. 1 482-1 484.
- REEVES (Carl Nicholas), *Toutânkhamon. Le roi, la tombe, le trésor royal*, Paris, Belfond, 1991.
- SETON (Williams), *Le trésor de Toutânkhamon*, Paris, Édition Princesse, 1980.
- VERGOTE (Jozef), *Toutânkhamon dans les archives hittites*, Leiden, Istanbul Nederlands Historisch-archaeologisch Instituut in het Nabije Oosten, 1961.

SOURCES COMPLÉMENTAIRES

- DESROCHES NOBLECOURT (Christiane), *Toutânkhamon*, Paris, Pygmalion, 2004.

- GADY (Éric), « L'archéologie de l'Égypte antique pendant la période coloniale de l'occupation britannique à la découverte du tombeau de Toutânkhamon », in *Archéologie(s) en situation coloniale*, Paris, Les Nouvelles de l'archéologie, n° 26, 2011, p. 47-50.
- HARER (Benson William), « An explanation of King Tutankhamun's death », in *Bulletin of the Egyptian Museum*, Le Caire, AUC Press, n° 3, 2006, p. 83-88.
- HAWASS (Zawi) et VANINI (Sandro), *Le trésor de Toutânkhamon*, Paris, Imprimerie nationale, 2008.
- JAMES (Thomas Garnet Henry), *Tutankhamun: The Eternal Splendor of the Boy Pharaoh*, New York, Metro Book, 2002.
- MARTIN (Geoffrey Thorndike) et STROUHAL (Eugen), « The Memphite Tomb of Horemheb, Commander-in-chief of Tutankhamun: Human skeletal remains », in *Excavation memoir-Egypt Exploration Society*, Londres, Egypt Exploration Society, n° 55, 2008.
- REEVES (Carl Nicholas), *Toutânkhamon. Vie, mort et découverte d'un pharaon*, Paris, Éditions Errance, 2003.

FILMS ET DOCUMENTAIRES

- *Tutankhamun: The Mystery of the Burnt Mummy*, documentaire de Sean Smith, Angleterre, 2013.
- *Tutankhamun: The Truth Uncovered*, documentaire de Tom Stubberfield, Angleterre, 2014.
- *Toutânkhamon : Le Pharaon Maudit*, film de Peter Paige et Brad Bredeweg, avec Ben Kingsley et Avan Jogia, États-Unis, 2015.

LITTÉRATURE

- CHRISTIE (Agatha), *L'Aventure du tombeau égyptien*, 1923.
- JACQ (Christian), *L'Affaire Toutânkhamon*, 2001.
- JACQ (Christian), *Toutânkhamon, l'ultime secret*, 2008.
- RICE (Anne), *La Momie*, 2005.
- SAISSET (Frédéric) et VERDAL (Georges), *L'Aventure égyptienne*, 1947.

SOURCES ICONOGRAPHIQUES

- Buste en bois doré de Toutânkhamon découvert par Howard Carter en 1922, conservé au musée du Caire (Égypte). © Jean-Pierre Dalbéra.
- Howard Carter à Chicago (Illinois), janvier 1924. La photo reproduite est réputée libre de droits.
- Trône de Toutânkhamon, en bois et recouvert de feuille d'or, représentant le souverain nonchalamment installé sur son trône en compagnie de son épouse, qui lui applique un onguent, et le disque solaire d'Aton qui surplombe le couple royal. La photo reproduite est réputée libre de droits.
- La Vallée des Rois en 1922. La photo reproduite est réputée libre de droits.
- Howard Carter et le sarcophage de Toutânkhamon, 1922. La photo reproduite est réputée libre de droits.
- Lord Carnarvon sur les marches de la tombe de Toutânkhamon, accompagné d'Howard Carter. Photographie de 1922 par Harry Burton (1879-1940). La photo reproduite est réputée libre de droits.

Votre avis nous intéresse !
Laissez un commentaire sur le site de votre librairie en ligne
et partagez vos coups de cœur sur les réseaux sociaux !